BY HEBERTO PADILLA

Legacies: Selected Poems
Heroes Are Grazing in My Garden
Self-Portrait of the Other
A Fountain, a House of Stone: Poems

A FOUNTAIN,
A HOUSE OF
STONE

Heberto Padilla

A FOUNTAIN, A HOUSE OF STONE

POEMS

A BILINGUAL EDITION

TRANSLATED BY ALASTAIR REID AND

ALEXANDER COLEMAN

Farrar Straus Giroux

NEW YORK

Library of Congress Cataloging-in-Publication Data
Padilla, Heberto.
A fountain, a house of stone : poems / Heberto Padilla;
translated by Alastair Reid and Alexander Coleman. — Bilingual ed.
p. cm.
I. Title.
PQ7390.P3F68   1991   861—dc20   91-9924

CONTENTS

A FOUNTAIN,
A HOUSE OF
STONE

La fórmula

No es lo mismo
mirar el mundo desde una cumbre iluminada,
que desde la caverna de Platón
donde un relente de claridad
humedece los bordes insondables y oscuros,
pero mi amigo Joseíto
—que es un hombre nutrido únicamente
de yerbas y tubérculos—,
me propone su fórmula a los ochenta y nueve años:
mirar desde un pozo que no sea demasiado profundo,
desde una llanura que no sea demasiado dilatada,
desde una montaña que no sea demasiado alta.
Y esto lo dice sonriente,
pero con voz enronquecida por los excesos de mi sombra.

The prescription

It is not the same
to gaze down at the world from a hilltop drenched in light
as it is from Plato's cave, where a bright dew
moistens the bottomless, dark borders;
but my friend Joseíto
—a man nourished exclusively
on herbs and tubers—
gives me his secret at the age of eighty-nine:
Look up from a well that is not too deep,
Look out over a plain that is not too broad,
Look down from a mountain that is not too high.
He tells me this with a smile,
but with a voice made hoarse by the indulgences of my shadow.

Estado de sitio

(*Homenage a Bertolt Brecht* de Malinovski)

¿Por qué están esos pájaros cantando
si el milano y la zorra se han hecho dueños de la situación
y están pidiendo silencio?

Muy pronto el guardabosques tendrá que darse cuenta,
pero será muy tarde.
Los niños no supieron mantener el secreto de sus padres,
y el sitio en que se ocultaba la familia
fue descubierto en menos de lo que canta un gallo.
Dichosos los que miran como piedras,
más elocuentes que una piedra.
La vida hay que vivirla en los refugios,
debajo de la tierra.
Las insignias más bellas
que dibujamos en los cuadernos escolares,
siempre conducen a la muerte.
Y el coraje, ¿qué es sin una ametralladora?

State of siege

(Malinovski's *Homage to Bertolt Brecht*)

Why are those birds singing on
when the crow and the fox command the situation
and are imposing silence?

Soon the forester will surely know what has happened,
but it will be too late.
The children could not keep their parents' secret,
and the place where the family was hiding
was discovered in less than the blink of an eye.
Happy are those who see like stones,
more eloquent than stone.
Life? It should be lived in hiding places
down deep in earth.
The nicest sketches
drawn in our school tablets
always lead us to death.
And courage? What is it without a machine gun?

También los humillados

Ahí está nuevamente la vieja humillación,
mirándote con los ojos del perro,
lanzándote contra las nuevas fechas y los nombres.

Levántate, miedoso,
y vuelve a tu agujero, como ayer,
inclinando otra vez la cabeza,
que la historia es el golpe que debes aprender a resistir,
la historia es ese sitio que nos afirma y nos desgarra,
la historia es esa rata que cada noche sube la escalera,
la Historia es el canalla
que se acuesta también con la Gran Puta.

The humbled, too

Here it is again, the old humiliation,
looking at you with dog's eyes,
hurling you against new dates and names.

Get up, fearful one,
and go back to your hole, as you did yesterday,
bowing your head again,
for history is the blow you must learn to endure,
history is that place which affirms us and rends us,
history is that rat climbing the stairs every night,
History is the punk
who also goes to bed with the Whore of Whores.

Antonia Eiriz

Esta mujer no pinta sus cuadros
para que nosotros digamos: "¡Qué cosas más raras
salen de la cabeza de esta pintora!"
Ella es una mujer de ojos enormes.
Con estos ojos cualquier mujer podría
desfigurar el mundo si se lo propusiera.
Pero esas caras
que surgen como debajo de un puñetazo,
esos labios torcidos
que ni siquiera cubre la piedad de una mancha,
esos trazos que aparecen de pronto
como viejas bribonas,
en realidad no existirían
si cada uno de nosotros no los metiera diariamente
en la cartera de Antonia Eiriz.
Al menos, yo me he reconocido
en el montón de que me saca todavía agitándome,
viendo a mis ojos entrar en esos globos
que ella misteriosamente halla,
y sobre todo, sintiéndome tan cerca
de esos demagogos que ella pinta,
que parece que van a decir tantas cosas
y al cabo no se atreven a decir absolutamente nada.

Antonia Eiriz

This woman does not paint her canvases
so that we might exclaim, "What strange things
come out of that artist's imagination!"
She is a woman with enormous eyes.
With eyes like that, any woman would be able
to take the world apart if it occurred to her.
But those faces of hers
coming at us as if just punched,
those twisted lips
hardly covered by a generous blessing of paint,
those brushstrokes cropping up suddenly
like ancient hags;
they would really not exist
if each of us did not put them every day
into the portfolio of Antonia Eiriz.
For me at least, I have recognized myself
in the heap she plucks me from, still waving my arms,
seeing my eyes penetrate those balloons
she keeps mysteriously finding,
and most of all, feeling myself so close
to those demagogues whose portraits she paints,
who seem about to utter so many things
and end up not daring to say a single word.

El hombre al margen

Él no es el hombre que salta la barrera
sintiéndose cogido por su tiempo,
ni el fugitivo que jadea
oculto en un vagón,
que huye entre los terroristas,
ni el pobre hombre del pasaporte cancelado
que está siempre acechando una frontera.
El vive más acá del heroísmo
—en esa parte oscura—,
pero no se perturba ni se extraña.
No quiere ser un héroe,
ni siquiera un romántico
alrededor de quien pudiera
tejerse una leyenda.
El está condenado a esta vida, y lo que más le aterra,
fatalmente condenado a su época.
Es un decapitado en la alta noche,
que va de un cuarto al otro
como un enorme viento
que apenas sobrevive en el viento de afuera.
Cada mañana recomienza
—a la manera de los actores italianos—.
Se para en seco
como si alguien le arrebatara el personaje.
Ningún espejo se atrevería a copiar
este labio caído, esta sabiduría en bancarrota.

Man on the edge

He is not the man who goes over the wall,
feeling himself enclosed by his times,
nor is he the fugitive breathing hard
hidden in the back of a truck
fleeing from the terrorists,
nor is he the poor guy with the canceled passport
who is always trying to cross a new border.
He lives on this side of heroics
—in that dark part—
but never gets rattled or surprised.
He does not want to be a hero,
not even a romantic
around whom we might
weave a legend.
He is sentenced to this life, and, what terrifies him more,
condemned irretrievably to his own time.
He is headless at two in the morning,
going from one room to another
like an enormous wind
which barely survives in the wind outside.
Every morning he begins again
as if he were an Italian actor.
He stops dead
as if someone had just stolen his being.
No looking glass would dare reflect
this fallen mouth, this wisdom gone bankrupt.

Cantan los nuevos césares

Nosotros seguimos construyendo el Imperio.
Es difícil construir un imperio
cuando se anhela toda la inocencia del mundo,
pero da gusto construirlo
con esta lealtad
y esta unidad política
con que lo estamos construyendo nosotros.
Hemos abierto casas
para los dictadores y para sus ministros,
y avenidas para llenarlas de fanfarrias
en la noche de las celebraciones
y establos para las bestias de carga,
y promulgamos leyes más espontáneas que verdugos
y ya hasta nos conmueve ese sonido
que hace la campanilla de la puerta
donde vino a instalarse el prestamista.
Todavía lo estamos construyendo,
con todas las de la ley.

The new Caesars proclaim

We keep on building the Empire.
It is difficult to put together an empire
when we crave all the innocence of the world,
but it is so satisfying to build it
with this faith
and this national unity
with which we are carrying out our task.
We have opened up mansions
for dictators and their ministers,
and avenues fit to fill up with fanfares
on nights of special celebration,
and stables for the beasts of burden,
and we make rulings more abruptly than hangmen do
and we are even moved by the sound
of the doorbell announcing the arrival of the moneylender.
We are still building, building
with all the legality of the law.

La alegría abre también los ojos en la negrura

La alegría abre también los ojos en la negrura
Y despliega su mapa deslumbrante
Donde está tu camino
Y se planta a tu lado
Y te arranca los ojos de suicida
Es como un ramalazo
que cae sobre tus hombros
Y al volver la cabeza
descubres que aún es posible el día.
La gran transformadora de los labios gruñones
Y del hollín desesperado de los enclenques
Que siempre tiene los mismos ojos
Y la misma cara
Y te busca en el fondo del espejo
Sólo espera que le tiendas la mano.

In blackness, joy also opens its eyes

In blackness, joy also opens its eyes
and spreads out its dazzling map
indicating the road to be taken.
It stands at your side
and tears out your suicide's eyes.
It is like a lash
falling over your shoulders,
and as you turn your head,
you discover that the day is still possible.
The Great Transformer of whining mouths
and of the desperate, grimy weaklings
(always with the same eyes
and the same face)
seeks you out at the bottom of the mirror
and waits only for you to offer your hand.

Andaba yo por Grecia

Andaba yo por Grecia
y en todo creía sentir la huella de Cavafy.
Y allá, cubierta por la lluvia,
coloreada por una tierra parda,
¡qué extraña y solitaria Alejandría en la memoria!

Al templo abandonado,
a la ciudad perdida, a los mitos,
al muro, ¿cómo pudo Cavafy
arrancarles el signo de la vida?
En el tren de regreso,
cuando volvía de otras ruinas,
estaba el campo mudo
y el bosque amarillento
siempre al final de los caminos,
pero no me detuve
ante el sombrío que vi al pasar,
que entró por mi ventana,
que aún pone en mis papeles
una hilacha sedienta,
que aún vela sobre mi amor
como un desastre.

Greece on foot

I was walking around in Greece
and I thought I could feel the touch of Cavafy everywhere.
And over the horizon, smothered by rain,
stained by brown dirt,
how strange and secluded Alexandria was in memory!

How could Cavafy
sniff out the signs of life
from the abandoned temple,
from the lost city, from myths,
from the wall?
On the return train,
when he came back from other ruins,
there lay the silent fields
and the yellow forest
always at the end of the roads,
but I did not stop
in front of the shadow I saw passing
which came in my window,
which still lays a thirsting thread
on my papers,
and still keeps watch over my love
like a disaster.

Ese hombre

El amor, la tristeza, la guerra
abren su puerta cada día,
brincan sobre su cama
      y él no les dice nada.
Cogen su perro y lo degüellan,
lo tiran a un rincón
      y él no les dice nada.
Dejan su pecho hundido
a culatazos
      y no dice nada.
Casi lo entierran vivo
      y no les dice nada.
¿Él qué puede decirles?
Aunque lo hagan
echar espuma por la boca,
él lucha, él vive,
él preña a sus mujeres,
contradice la muerte a cada instante.

That man

Love, sadness, war
open up their door every day,
leap onto his bed
        and he says nothing to them.
They grab his dog and cut its throat,
toss it in a corner
        and he says nothing to them.
They leave his chest crushed
by clubbings
        and he says nothing.
They almost bury him alive
        and he says nothing to them.
And what can he say to them?
Though they make him
spew up foam,
he struggles, he lives,
he impregnates his women,
and gives the lie to death at every moment.

A veces es necesario

A veces es necesario y forzoso
que un hombre muera por un pueblo,
pero jamás ha de morir todo un pueblo
por un hombre solo.

Eso no lo escribió Heberto Padilla, cubano,
sino Salvador Espriu, catalán.
Lo que pasa es que Padilla lo sabe de memoria,
le gusta repetirlo,
le ha puesto música
y ahora lo cantan en coro sus amigos.
Lo cantan todo el tiempo,
igual que Malcolm Lowry tocando el ukelele.

At times it is necessary

At times it is necessary and unavoidable
that a man die for his country,
but never should a people all have to die
for one man only.

This was not written by Heberto Padilla, a Cuban,
but by Salvador Espriú, a Catalan.
The fact is that Padilla knows it by heart,
and loves to repeat it,
he has put it to music
and now his friends sing it in chorus.
They sing it all the time,
just like Malcolm Lowry playing the ukulele.

A José Lezama Lima

Hace algún tiempo
como un muchacho enfurecido frente a sus manos atareadas
en poner trampas
        para que nadie se acercara,
nadie sino el más hondo,
nadie sino el que tiene
        un corazón en el pico del aura,
me detuve a la puerta de su casa
para gritar que no,
        para advertirle
que la refriega contra usted ya había comenzado.

Usted lo observaba todo.
Imagino que no dejaba usted de fumar grandes cigarros,
que continuaba usted escribiendo
        entre los grandes humos.

¿Y qué pude hacer yo,
        si en su casa de vidrio de colores
hasta el cielo de Cuba lo apoyaba?

To José Lezama Lima

A long time ago,
as an enraged boy with his hands busy
setting up traps
        so that no one would come near,
no one except the most trusted,
no one except the one
        with his heart in the vulture's beak,
I paused at your doorstep
to shout "No!"
        to let you know
that the assault on you had already begun.

You took in everything.
I imagine you did not stop smoking your big cigars,
that you kept on writing
        amidst the puffs of smoke.

And what was I to do,
        when, over his stained-glass house,
even the skies of Cuba were on his side?

Sobre los héroes

A los héroes
siempre se les está esperando,
porque son clandestinos
y trastornan el orden de las cosas.
Aparecen un día
fatigados y roncos
en los tanques de guerra,
cubiertos por el polvo del camino,
haciendo ruido con las botas.
Los héroes no dialogan,
pero planean con emoción
la vida de mañana.
Los héroes nos dirigen
y nos ponen delante del asombro del mundo.
Nos otorgan incluso
su parte de Inmortales.
Batallan con nuestra soledad
y nuestros vituperios.
Modifican a su modo el terror.
Y al final nos imponen
la furiosa esperanza.

On heroes

Heroes
are always hoped for, waited for,
because they move in secret
and upset the order of things.
One fine day they appear,
exhausted and hoarse,
riding a tank,
dusty from the road,
clattering with their boots.
Heroes do not discuss;
rather, they lay excited
plans for tomorrow's life.
Heroes tell us what to do
and appoint us, to the world's astonishment.
They even hand to us
their role as Immortals.
They wrestle with our solitude
and our diatribes.
In their way, they adjust the terror.
And finally, they impose on us
abounding hope.

Instrucciones para ingresar
en una nueva sociedad

Lo primero: optimista.
Lo segundo: atildado, comedido, obediente.
(Haber pasado todas las pruebas deportivas.)
Y finalmente andar
como lo hace cada miembro:
un paso al frente
y dos o tres atrás:
pero siempre aplaudiendo.

Instructions for joining
a new society

One: Be optimistic.
Two: Be well turned out, courteous, obedient.
(Must have made the grade in sports.)
And finally, walk
as every member does:
one step forward
and two or three back;
but always applauding, applauding.

A Octavio Paz

Cada vez que imaginación
se convertía en palabra prohibida
por los verdugos de la Invención y la Sorpresa,
llegabas tú
y lanzabas tu granado de mano,
tu poesía:
urraca que combate hasta el último ardor
y el último color como los arco iris,
incendio en que arde todo sin quemarse,
salamandra que horada las paredes,
ánima viva entre las sensaciones,
flor no pensada, no vista: oída.
El poema no empezaba ni acababa en los muros
ni en los golpes de pecho
de la novela rosa política o moral.
             El tribunal condena lo que escribo
             El tribunal condena lo que callo
La astuta y vieja lógica
             Abandone esas cosas y póngase a
             pensar
teje y desteje su madeja
             Borra lo que escribes
te olfatea
             Escribe lo que borras
te sigue:
             El haz y el envés del español artrítico
Pero tú continúas en el balcón
dorándote bajo el sol de los símbolos
y de tus lámparas fluorescentes.

To Octavio Paz

Every time the imagination
was turned into the forbidden word
by the hangmen of Originality and Surprise,
you appeared,
and tossed your hand grenade,
your poetry—
magpie which claws away to the last breath
and the last tint of the rainbow,
blaze which eats everything without burning,
salamander which pierces the walls,
soul bright amidst sensation,
flower, unimagined, unseen; flower heard.
Poetry neither begins nor ends on street walls
or in the chest-thumping
in trashy novels of politics or bedrooms.
> *The court condemns what I write*
> *The court condemns what I don't say*
The cunning, ancient reasoning
> *Drop those things and start thinking*
weaves and unweaves the tangle
> *Rub out what you write*
it sniffs at you
> *Write what you rub out*
it pursues you:
> *The front and back of the arthritic Spaniard*
But you remain on the balcony,
growing golden under the sun of symbols
and your fluorescent lamps.

El acto

Impulsado por la muchedumbre
o por alguna súbita locura.
Vestido como cualquiera de nosotros,
con una tela a rayas, ya demasiado pálida,
la cara larga
que no podría describir
aunque me lo propusiera,
y todo el cielo arriba
de modo que cuando sonreía
estaban todo el cielo y su locura,
el pobre hombre soportó el ataque.

Y antes de que corriera medio metro
ya estábamos pensando
que éste sería el último acto
que retendríamos de él
—porque usualmente gentes de su calaña
se pierden en los barrios, se mueren
y aparecen de pronto en los periódicos—,
pero lo cierto es que resistió el ataque
y se lanzó al verano, al vacío.
O lo lanzaron
—estas cosas nunca se saben bien—.
El hombre estaba allí,
cuando lo vimos, ensangretado,
tambaleándose en el jardín.
Se lo llevaron medio muerto,
pero el intenso azul no desaparecía de sus ojos,
de modo que, aunque no sonreía,
ahí estaban todo el azul del cielo y su locura.
La noche entera se la pasó gritando, hasta el final.

The attack

Egged on by the crowd
or by some sudden craziness.
Dressed like any one of us,
with a striped shirt, now too faded,
with a long face
that I couldn't describe
even if you asked me,
and the whole sky above
so that when he smiled
they were one, the sky and his madness,
the poor guy withstood the attack.

And before he ran half a yard
we were already thinking
that this would be the last thing
we would remember of him
—because usually people of his element
lose themselves in the barrios, die off
and suddenly appear in the newspapers—
but the fact is that he put up a fight,
and threw himself into the summer, into emptiness.
Or *they* threw him
—these things you never get right.
The man was there
when we saw him, blood everywhere,
stumbling around the park.
They took him away half dead,
but the deep blue never left his eyes,
so that, even though he didn't smile,
you could see the blue of the sky and his madness.
He spent the whole night screaming, to the end.

Vámonos, cuervo

Vámonos, cuervo, a fecundar tu cuerva

CÉSAR VALLEJO

Y ahora,
vámonos, cuervo, no *a fecundar la cuerva*
que ha parido
y llena el cielo de alas negras.
Vámonos a buscar sobre los rascacielos
el hilo roto
de la cometa de mis niños,
que se enredó en el trípode viejo del artillero.

Let's go, crow!

Vámonos, cuervo, a fecundar tu cuerva

CÉSAR VALLEJO

And now
Let's go, crow, but not *to fertilize your mate,*
who has given birth
and who fills the heavens with black wings.
Let's go looking above the skyscrapers for
the broken string
of my children's kite
caught in the rusty gun mounting.

La rosa, sus espectros

(Rilke)

Encima está la rosa
y debajo la espina.
Cuando Rilke se inclina
para coger la rosa,
el pobre no adivina
que su espectro lo acosa
    y transfigura,
porque toda hermosura
    es esplendor y ruina.

The rose, its specter

(Rilke)

The rose is above
and the thorn below.
When Rilke bends down
to pick the rose,
he is unaware, the poor man,
that its specter pursues him
      (and transfigures him),
because all beauty
      is glory and disaster.

Canción del joven tambor

Para seguir la música
en las líneas de fuego,
ensayé tantos ritmos
torpes y olvidados.

Para aumentar la marcha
andando entre los hombres,
redoblé en tantos pueblos
destruidos o muertos.

En las noches de invierno
estuve muy enfermo,
me contentaba el baile
de las niñas rapaces.

"Hay un color extraño
en los árboles nuevos",
grita el joven poeta
que se va a proclamar su certidumbre.

"El aire está podrido
encima de los techos",
chillan las viejas europeas flacas.

Pero yo—no lo digas a nadie—,
me oculto como un niño,
aceito bien las trampas,
adivino soldados dondequiera,
oscuridad y rezos.

Song of the young drum

To keep up with the music
in the line of fire,
I tried out so many rhythms
clumsy and old-fashioned.

To quicken the beat,
walking among men,
I drummed in so many towns
bombed out or abandoned.

On the winter nights
I fell very ill,
I was content to watch
the dance of the savage girls.

"There's an odd color
to some of the young trees,"
howls the young poet
who leaves to spread his word.

"The air has gone rotten
right over our roofs,"
scream the thin old hags of Europe.

But I—don't tell a soul—
I hide out like a kid,
I oil my traps;
on every side, I smoke out
soldiers, darkness, prayers.

En la margen izquierda
del río Almendares

(Carlos Pío Uhrbach y Juana Borrero)

Hablar únicamente del nombre de una flor
o de la intervención sencilla
de la tierra, del agua y del sol en su forma,
pero mucho después de haber andado
por la margen izquierda del río Almendares,
despues de haber entrado
por la gran puerta de la casa de Puente Grandes,
ella radiante y fatigada
y él con los ojos vueltos
hacia las blancas sábanas, hacia el hueco
en penumbras
donde caen los fruncidos de las telas,
donde ella se desnuda,
pues lo desnudo es siempre lo que canta,
porque la desnudez es el comienzo de la lluvia
y la lluvia el único centro
brumoso y tumultuoso de estos amantes.

Oh proyecto insalvable y demasiado lógico
de empezar a decir que él está enamorado,
sin que su boca joven contradiga la Historia
y el hechizo de este cuerpo desnudo
que invade cada noche lo sobrenatural.

On the left bank
of the Almendares River

(Carlos Pío Uhrbach and Juana Borrero)

To speak only of the name of a flower
or of the simple role of the
earth, water, and sun in its forming,
but well after having walked along
the left bank of the Almendares River,
after having passed through
the great door of the Puente Grandes house,
she, radiant and a bit tired,
he with his eyes turned toward
the white sheets, toward the gap
in the shadows
where the ruffles of the clothes fall away,
the place where she undresses,
since nakedness is always what sings,
because the naked body is the beginning of the rains
and the rains are the single cloudy and turbulent
center to these lovers.

Oh, the dream—hopeless and far too reasonable—
of beginning to say that he has fallen in love,
without his young lips contradicting History
and the enchantment of this nude body
which invades the supernatural every night.

Heinrich Heine

En una de estas tardes
me pondré guantes blancos,
frac negro,
sombrero,
e iré a la calle Behren,
cuando nadie se encuentre en el café
y no se haya formado la tertulia
y nadie me pueda reconocer,
excepto Heinrich Heine,
pues debo hablar con él,
que sabe cuanto oculta la gloria y la ponzoña,
el exilio y el reino
(y que lo sabe bien).
Escéptico, burlón, sentimental, creyente.
Así lo describió Gautier.
Pero, ¿de quién hablaba?
¿De nosotros o de él?
¿Por qué quien no ha opinado
contra sus sentimientos?
¿Contra quién no ha graznado
un cuervo de hiel?
En una de estas tardes . . .
Enfundaré los ojos de Teresa,
se los pondré delante a Heine,
de modo que comprenda
que también supe de ellos
y los desenterré.
Le diré que es mi modo
de ser contemporáneo.
Haremos una grave reverencia
(son ojos de otro siglo,
descubiertos por mí).

Heinrich Heine

One of these afternoons
I'll slip on white gloves,
black tails,
top hat,
and I'm off to rue Behren,
when no one is in the café
and the crowd has not yet gathered
and no one would recognize me,
except of course Heinrich Heine,
since I must speak to him—
he knows how much is hidden under glory and venom,
exile and the kingdom
(and he knows only too well).
Skeptic, sarcastic, man of feeling, believer,
so Gautier described him.
But of whom was he speaking?
Of us or of him?
Why has no one spoken out
against his opinions?
There is no one against whom
the bilious crow has not spoken out.
One of these afternoons . . .
I will wrap up Teresa's eyes,
I will place them in front of Heine,
so that he understands
that I, too, found out about them
and I unearthed them.
I'll tell him that it is my way
of being up to date.
We will bow gravely
(they are eyes of another century,
discovered by me).

Esta tarde tal vez . . .
Cuando el brumoso mirlo
salte de rama en rama
y Heine se encuentre solo en el café,
y nadie pueda nunca saber
que anduve entre walkirias,
nornas, parcas del norte,
que yo también he sido
        un desenterrador.

This afternoon, perhaps . . .
When the misty blackbird
flits from branch to branch
and Heine is alone in the café,
no one will ever know
that I have walked among Valkyries,
Norns, Fate Goddesses,
that I, too, have been
        a digger-up of bodies.

Luis Cernuda

Decías:
Lo real para ti no es esa España obscena y deprimente
en la que regentea hoy la canalla,
sino esta España viva y siempre noble
que Galdós en sus libros ha creado.
De aquella nos consuela y cura ésta.

Pero la España real (la de tierra)
a todas horas lo perseguía
con el aullido insistente de su lengua.
Y él:
¿Puede cambiarse eso? Poeta alguno
su tradición escoge, ni su tierra,
ni tampoco su lengua: él las sirve,
fielmente si es posible.
Entonces, ¿la solución era esta muerte
en el exilio, o era *la tradición*
generosa de Cervantes
heroica viviendo, heroica luchando
o el combate incesante con su idioma
          a toda carne, a toda lealtad?

Pero la poesía
se le hizo terriblemente arisca,
fue a esconderse en las patas
de las mulas de España como una Egloga.
Y a la hora feroz de la nostalgia
cuando—ya sabemos—Garcilaso aparece
con sus asaltadores de caminos,
hora de los recuentos, hora de seducción
          y de emboscada,
él (Cernuda) oía aquel sonido seco
como en el fondo de su alcancía la moneda de cobre.

Luis Cernuda

You used to say:
For you the true Spain is not that obscene and depressing
country lorded over by goons,
rather the vivid and always noble Spain
created by Galdós in his novels.
Let the one console and remedy the other.

But the essential Spain (Spain made of earth)
pursued the poet night and day
with the insistent howling of its language.
He said:
Can that be changed? No poet
chooses his tradition, his birthplace;
not even his language. He is their servant,
and a faithful one, if possible.
So, was everything resolved
by death in exile, or was it in the
spirited tradition of Cervantes,
living heroically, struggling heroically
or in the incessant wrestling with the language,
            hand to hand, in all loyalty?

But the poetry he wrote
turned surly on him,
it scurried into the hooves
of the mules of Spain like an Eclogue.
And at the fiercest moments of nostalgia,
when—how easy it was—Garcilaso appears
with his highway bandits,
the hour for accounting, the hour for
            seduction and ambush,
he (Cernuda) heard that dry sound
like a copper coin at the bottom of his money box.

¿Volver? gritó. Vuelva el que tenga,
tras largos años, tras un largo viaje,
cansancio del camino y la codicia
de su tierra . . .

        Mas, ¿tú? ¿Volver?
Y dijo adiós a su querida
que le nutrió la angustia y el sarcasmo,
la forjadora de consolación
que lo salvó en la hora inminente de los cadalsos,
que le otorgó el dominio estricto de su lenguaje,
pero él, de todos modos, y hasta la muerte, adiós.

"Return?" he shouted. "Let him return who senses,
after long years, after endless journeyings,
a weariness with the road and a desire
for his native land . . ."

But you? Go back?
And he said goodbye to his beloved,
who had nurtured his anguish and sarcasm,
the begetter of comfort
who had saved him in the hour before the scaffold,
who gave him the strictest mastery of his language;
but even so, he bid her a final goodbye.

Canción del hijo pródigo

Devuélveme el escándalo del sol
la puerta del colegio
Que arda al fin el verano
para mis ojos tercos

Anduve tanto
que ardor y nieve
asolan mi ojo de viajero
Mójame ya los labios
con mi esponja de niño
Devuélveme el crujido
de los árboles verdes
y el mar de siempre

Song of the prodigal son

Give me back the sun's din
the schoolroom door
In the end, let the summer blaze
into my stubborn eyes

I've walked so much
that zeal and snow
singe my traveler's eye
Wet my lips now
with my bathtub sponge
Give back to me
the rustle of green trees
and the sea of always.

Llegada del otoño

De un rumor
creciente y voluptuoso
se llenan para mí los días.
Dispongo de este mundo exasperado
para mi ocio más largo,
de la noche más cruel
para mi inevitable maleficio.

¡Llegadas del otoño,
mis asiduas, mis fieles!
Cuando en la pedregosa mañana
el mundo asume la delicia,
salto, busco los viejos ritos
en el viento,
recurro a madres que me ignoran,
llamo a sus criaturas temblorosas
y hago lumbre en mi cuarto
llamando a voz en cuello:
¡Ancianos,
para mis ojos
es esta flor remota,
solamente para ellos!

Autumn's arrival

My days are filled with
a surging and fleshy murmur.
I make use of this maddened world
for my longer leisure,
this fiercest night
for my ready witchcraft.

Autumn's arrivals,
so persistent, so punctual!
In the rocky morning, when
the world takes on its delight,
I jump around, I look for the ancient rites
in the wind,
seek out mothers who don't know me,
call out to their trembling infants
and strike a match in my room,
calling out at the top of my voice:
Old Ones,
this obscure flower is
for my eyes alone,
for my eyes only!

Londres

Observa
simplemente cómo viven
en esta tierra sin milagros:
un aliento del mundo
y esas calles
donde nadie te escucha
cuando Londres despierta
y te apresura.

Sé el simple, el colonial,
busca a tus héroes.
En Hans Place, en Queens Gate
para ti reaparecen lanzas,
flotas, escudos.
Primavera dispone la siesta de la Reina,
Inglaterra
se hunde en los niños y errantes.
Los juristas
y los ocultos usureros,
los buenos ciudadanos
y el impaciente suicida
afirman
la seguridad del Imperio.

London

Just observe
how people live
in this land of no miracles;
a breath of the world
and those streets
where no one listens to you,
when London awakes
and leans on you.

Be the naïf from the colonies,
seek out your heroes.
On Hans Place and Queens Gate,
spears, fleets, and shields
reappear for you.
Spring arranges for the Queen's nap,
England
drowns in children and beggars.
The barristers
and the secretive moneylenders
the upright citizens
and the impatient suicide
all confirm
the solidity of the Empire.

La Hila

Ya *viene el tiempo de la Hila.*

Y el animal
venteando lo adivina,
lo escucha entrar
desde los campos viejos.

Ya *viene el tiempo de la Hila.*

Y en Santander
los aldeanos llenan
las cocinas de invierno,
y el lino, el algodón,
el cáñamo y la seda
son reducidos a hilo.
Los hiladores tiemblan
bajo el sueño liviano.
Los niños van a canturrear.
En los campos
quiere estallar la madrugada.
Los pájaros como un engendro de la luz.

Ya *viene el tiempo de la Hila.*

The thread

It's spinning time.

And the animal
sniffs it in the wind,
hears it coming in
from the ancient fields.

It's spinning time.

And in Santander
the shepherds stock
the kitchens of winter,
and flax, cotton,
hemp, and silk
are turned into threads.
The weavers tremble
in the delicate dream.
The children are about to sing.
Out in the fields
the dawn tries to explode,
the birds are the beginning of light.

It's spinning time.

Una fuente, una casa de piedra
(Zurbarán)

Una fuente, una casa de piedra,
un puente, una capilla con la veleta encima
y el gozne de la puerta que chirría
y un camino de flores
y a lo lejos un río.

¿Se puede describir el mundo de esta manera:
los párpados abiertos, los zapatos en alto
con su aureola turbia como la de un farol,
y la cara muda, distante y exigente
clavándonos los ojos,
buscando en nuestra entraña
al fanfarrón cobarde con sus alegorías?
Es posible. Se puede describir el mundo
                de cualquier modo. Se puede
deslizar una última imprecisión—como quien dice—,
nuestra última moneda
para volver de nuevo hacia aquel río
                que está en la infancia como en la vejez.
Se puede cruzar el puente
entre las cañabravas que crujen otra vez
como un puente en el río,
de modo que ese gozne donde uno ha girado
                desde niño
                con el tiempo se torna invulnerable.
La casa, el camino de flores y la capilla
        entonces nos pertenecen
o les pertenecemos. Es igual.

A fountain, a house of stone

(Zurbarán)

A fountain, a house of stone,
a bridge, a chapel with a weather vane
and a squeaking hinge in the door,
a road bordered by flowers
and, farther on, a river.

Can we describe the world this way,
eyes wide open, shoes up on the table
with a dusky halo like a lantern,
and the still face, distant and ever-demanding,
nailing us down with its eyes,
hunting down in our innards
the cowardly swagger of allegory?
It is possible. The world can be described
            in any way you like. You might
come out with one last twist of the facts, as they say,
our last coin
to take us back again to that river
            that attends our childhood as it does old age.
One might cross the bridge
among the bamboo which creaks once again
like a bridge across a river,
in such a way that the hinge we have hung on to
            since we were children
            becomes stronger as time passes.
The house, the road bordered by flowers, and the chapel
            thereby belong to us,
or we belong to them. It's all the same.

En la tumba de Dylan Thomas

Un sitio
donde tumbarse y nada más:
el tiempo ahora lo pudre.

No hay el áspero aroma
en los vientos de los bosques de Gales
y a la hora de escuchar su canción
es un sollozo lo que se oye
a través de su casa nevada.

Un sitio solamente
para tumbarse y nada más:
el tiempo eterno que lo pudra.

At the tomb of Dylan Thomas

A spot
to take a quick nap, nothing more;
now time rots him away.

There is no bitter aroma
on the winds from the woods of Wales
and at the moment of listening for his song
we hear a cry through the walls
of his snow-covered cottage.

A spot
to take a quick nap, and nothing more;
let eternal time rot him away.

Puerta de Golpe, Cuba

Me contaba mi madre
que aquel pueblo corría como un niño
hasta perderse,
que era como un incienso
aquel aire de huir
y estremecer los huesos hasta el llanto,
que ella lo fue dejando,
metido entre los trenes y los álamos,
clavado siempre entre la luz y el viento.

Puerta de Golpe, Cuba

My mother would tell me
that the whole village fled like a child
until it was lost,
that the feeling of fleeing
hung in the air like incense
and shook everyone's bones until they cried out,
that she gradually left it behind,
hidden among trains and poplars,
nailed forever between light and wind.

Cada vez que regreso de algún viaje

Cada vez que regreso de algún viaje
me advierten mis amigos
que a mi lado se oye un gran estruendo.
Y no es porque declare con aire soñador
lo hermoso que es el mundo,
o gesticule como si anduviera
aún bajo el acueducto romano de Segovia.
Puede ocurrir que llegue
sin agujeros en los zapatos,
que mi corbata tenga otro color,
que mi pelo encanezca,
que todas las muchachas
recostadas en mi hombro
dejaran en mi pecho su temblor,
que esté pegando gritos
o se hayan vuelto sordos
definitivamente mis amigos.

Every time I come back

Every time I come back from some journey or other
my friends point out to me
that a great roaring can be heard just beside me.
Not because I say, in a dreamy way,
how beautiful the world is,
or because I pretend that
I am still walking under the Aqueduct at Segovia.
It may be that I come back home
without holes in my shoes,
with a tie of another color,
that I am grayer,
that all the girls
leaning on my shoulder
may have left a shiver in my heart,
that I'm shouting like crazy,
or that my friends have become
deaf, definitively deaf.

De tiempo en tiempo

De tiempo en tiempo
la guerra viene a revelarnos
y habituarnos a una derrota,
pacientes.
Y con el ojo seco
vemos la ruta
por donde apareció la sangre.

De tiempo en tiempo,
cuando la guerra da su golpe,
todas las puertas lo reciben,
y tú escuchabas su llamada,
pero lo confundías
con animales súbitamente ciegos.
Y en realidad, nunca sonó la aldaba
con tanta inminencia,
no hubo nunca madera
que resistiese golpes tan vehementes.

De tiempo en tiempo
vienes a echarte entre los hombres,
lobo habitual, *mon semblable, mon frère.*

From time to time

From time to time
war comes to open our eyes
and accustom us to defeat,
we who are patient.
And with a dry eye
we see the path
where the blood first appeared.

From time to time,
when the war's fist pounds away,
all the doors open to it,
and you listened to its summons,
but you confused the sound
with suddenly blinded animals.
And in truth, the bell clap never sounded
with such insistence,
there was no wood in the world
that could resist such a hammering.

From time to time
you drop by to be among men,
wolf as usual, *mon semblable, mon frère.*

Lo mejor es cantar desde ahora

Lo mejor
es que empiece a cantar desde ahora
la alegría de los sueños cumplidos
y me olvide del mundo de mis antepasados.
Ellos a la ceniza, yo a la vida.
Siempre anduve entre nieblas como un idiota.
No pudo ser de otra manera.
No es posible
que en un pecho de hombre quepa tanta maldad.
Mañana limpiaré la trastienda,
saldré a la calle
y al doblar una esquina
cualquiera podrá verme lanzar los objetos
que elaboré en las noches
con mis uñas de gato.
Mi orgullo
será ver a las viejas orinarse de risa
cuando vean tremolar mi chaleco de feria,
mi alegría
que los niños destrocen mi careta y mi barba.
Porque nadie dedicó más vehemencia
—en el peor instante—
a ensayar este paso de atleta,
este nuevo redoble de tambor.
Los himnos y los trenos
pertenecen al tiempo de los cadáveres esbeltos,
con su hilillo de sangre entre los labios
y el desgarrón de lanza, dignos de la elegía.
Entonces el poeta era la plañidera
que se esforzaba por conmover las multitudes,
pero hoy heredamos este muñón sin dueño,
este ojo abierto en la escudilla

Best to begin
this minute to celebrate

Best
to begin this minute to celebrate
the delight of fulfilled dreams
and forget the world of my ancestors.
For them ashes, for me life.
I always walked cloud-headed like an idiot.
What else could you expect?
It is not possible
for a man's heart to have room for so much rancor.
Tomorrow I will clean up the back room,
go outside,
and, when I turn a corner,
everybody will see me tossing away the things
I scratched the night before
with my cat's claws.
It will be my pleasure
to see old ladies piss their pants with laughter
when I show off my flowery vest;
it will be a joy for me
when the kids cut up my mask and slice off my beard.
Because no one has thrown himself so headlong
—at the worst moment—
into this effort worthy of an athlete,
this repeated roll of the drum.
Those old hymns and dirges
belong to the epoch of svelte corpses,
with that thread of blood on the lips
and the sword's gash, worthy of elegy.
During that time the poet was the hired mourner
who did his best to move the masses;
today, however, we inherit this stump with no owner,
this open eye in the basin.

Y hay que exaltar la vida, sin embargo,
apartar la basura,
y cantar la alegría de los sueños cumplidos,
todo con buena música de fondo,
de violín, si es posible,
que es el instrumento adecuado:
agudo, recto como un arma.

And yet we must exalt life nonetheless,
push aside the garbage,
and celebrate the delight of fulfilled dreams,
with good music in the background,
emphasis on the violins, if possible
—the appropriate instrument,
lean, straight as a weapon.

Hábitos

Cada mañana
me levanto y me baño,
hago correr el agua
            y siempre una palabra
me sale al paso,
            feroz,
inunda el grifo donde mi ojo resbala.

Daily habits

Every morning
I get up and go to the basin,
run the water,
            and, always, a single word
pops out at once,
            vengeful,
and drowns out the faucet where my eye has wandered.

El discurso del método

Si después que termina el bombardeo,
andando sobre la hierba que puede crecer lo mismo
entre las ruinas
que en el sombrero de tu Obispo,
eres capaz de imaginar que no estás viendo
lo que se va a plantar irremediablemente
delante de tus ojos,
o que no estás oyendo
lo que tendrás que oír durante mucho tiempo todavía,
o, lo que es peor,
piensas que será suficiente
la astucia o el buen juicio
para evitar que un día, al entrar en tu casa,
sólo encuentres un sillón destruído,
con un montón de libros rotos,
yo te aconsejo que corras en seguida
y busques un pasaporte, alguna contraseña,
un hijo enclenque,
cualquier cosa que pueda justificarte
ante una policía por el momento torpe
(porque ahora está formada de campesinos y peones)
y que te largues de una vez y para siempre.

Huye por la escalera del jardín
y no te vea nadie.
No cojas nada.
          No servirán de nada
un abrigo ni un guante, ni un apellido,
ni un lingote de oro, ni un título borroso.
No pierdas tiempo enterrando joyas en las paredes,
pues las descubrirán de todos modos.
No te pongas a guardar escrituras en los sótanos
que descubrirán después los milicianos.

The discourse on method

If, after the bombardment is over,
walking on the grass that can grow just as well
among ruins
as in your bishop's hat,
you are able to imagine that you are not seeing
what is going to take root
inevitably before your eyes,
or that you are not hearing
what you will have to hear for a long time still,
or, worse,
you think that cunning and good judgment
will be enough to get by,
avoiding the one day when, entering your house,
you find only a broken chair,
a pile of torn books,
I recommend that you run out immediately
and get hold of a passport, a baggage check,
a sickly child,
anything that might justify you
as you face the policeman off his guard for the moment
(the police these days are all peasants and laborers)
and you get out once and for all.

Scramble down the garden stairs,
make sure nobody sees you.
Don't bring anything.
            They won't help, in any case—
an overcoat, a glove, a last name,
a gold bar, or a musty diploma.
Don't waste time hiding jewels in the walls,
because they'll find them sooner or later.
Don't bury your manuscripts in the cellar;
the militia will dig them out afterwards.

Ten desconfianza de la mejor criada.
No le entregues las llaves al chofer
ni le confíes tu perra al jardinero.
No te ilusiones con las noticias de onda corta.

Párate ante el espejo más alto de la sala
y contempla tu vida,
y contémplate ahora como eres,
porque ésta será la última vez.

Ya están quitando las barricadas de los parques.
Ya los asaltadores del poder están subiendo a la tribuna.
Ya el perro, el jardinero, el chofer, la criada
    están allí aplaudiendo.

Don't trust your most faithful maid.
Don't hand over the keys to a chauffeur
or leave the dog with the gardener.
Don't get worked up at the news on the short wave.

Stand in front of the tallest mirror in the living room
and contemplate your life,
and contemplate yourself as you are now,
because this will be the last time.

They are taking down the barricades in the parks.
Those who have seized power are now appearing on the balcony.
The dog, the gardener, the chauffeur, and the maid
          are all there, applauding.

Los que se alejan
siempre son los niños

Los que se alejan siempre son los niños,
sus manos aferradas a las grandes maletas
donde guardan las madres los sueños y el horror.

En los andenes y en los aeropuertos
lo observan todo
y es como si dijeran: "¿A dónde iremos hoy?"

Los que se alejan siempre son los niños.
Nos dejan cuerdecillas nerviosas, invisibles.
Por las noches, tenaces, nos tiran de la piel,
pero siempre se alejan, dando saltos, cantando
en ruedas—algunos van llorando—,
hasta que ni siquiera un padre los puede oír.

The ones who go away
are always the children

The ones who go away are always the children,
their fingers fastened to the huge suitcases
where mothers hide dreams and horror.

On the platforms and in the airports
they take note of everything
and it is as if they were saying, "Where do we go today?"

It is the children who always go away.
They leave behind bits of string, nervous, invisible.
At night, insistent, they tug at our skin,
but they always go away, somersaulting, singing
to each other—some leave weeping—
until not even a father is able to hear them.

La vida contigo

Te levantas
y el día se levanta contigo
Se levanta todo lo que quedó
lo que salvó la noche
Y te mueves a tientas
parece que te unieras al mundo con cautela
como si hubiese que reaprenderlo todo
Y sin embargo
todo viene hacia ti
soy yo el que forcejea
el que pierde pie
el que cae al fondo
buscándote
No sé si eres la misma
que hace sólo un instante
ha dormido conmigo
o ésa que nunca duerme:
muslos que fluyen
ojos que se apresuran
o aire tal vez
la masa transparente
la gran fiesta del pájaro.

Life with you

You get up,
and the day gets up with you.
Everything left over gets up,
everything the night was able to salvage.
And you walk on tiptoe—
it seems as if you became one with the world, cautiously,
as if you had to learn everything again.
And yet
everything comes toward you
I'm the one who grapples
the one who loses his footing
the one who plunges to the bottom
seeking you out
I don't know if you are the same
as the one just an instant ago
who shared my bed,
or the one who never sleeps;
thighs flowing away
eyes agitated
or perhaps air
the transparent mass
the great fiesta of the bird.

Canción de aniversario

Con una maletica de mimbre entre las manos,
ansiosa, conmovida, adolescente aún,
yo te encontré mirando con terror
la rosa inútil de los vientos.
Yo te encontré buscando amor,
te encontré a la deriva.
Nos agarramos.
Me fuiste diluyendo en la juventud.
Me hiciste el enemigo de la pereza
            y de los sarcasmos.
Me enamoraste del sortilegio de tus aleluyas.
Y hemos intercambiado
todo cuanto teníamos:
fragmentos que buscaban la unidad de un diseño
grande como tus ojos,
bello como tus ojos.

Song for our anniversary

I found you
hugging a straw satchel,
anxious, fevered, still in your teens,
looking with fright
at the useless rose of the winds.
I found you looking for love,
I found you adrift.
We fell on each other.
You came to undermine me in my youth.
You made me the enemy of sloth
            and sarcasm.
You made me fall in love with the magic of your alleluias.
And we have handed to each other
everything we ever had:
fragments which asked for the wholeness of a design
huge like your eyes,
beautiful like your eyes.

Su sitio

Esa es la puerta por donde entró por vez primera
(jambas del cerco, blancas; cuarterones azules).
En esta casa ella amanece cada día.
Es en aquel rincón donde se viste y se desviste
(aún conserva ciertos hábitos púdicos),
pero mis ojos han visto tanto su desnudez
que la noche o la sombra son superfluas.
En esa percha cuelga su vestido,
frecuentemente alegre, a veces triste, fatigada
del peso antiguo del misterio de la mujer.
Esta es la almohada donde reclina la cabeza,
su mechón de luz negra y desordenada.
En ese espejo se contempla, desliza ella sus manos,
se da vueltas como si el viento la arrancara
de los instantes rudos de la existencia.
Este es, en fin, el escenario donde ella se agiganta,
el sitio de sus hechizos y sus transformaciones.

Site

This is the door she came through for the first time
(white doorframe, blue door-panels).
In this house, she awakens every day.
There is the corner where she dresses and undresses
(she has some habits still that stem from shyness),
but my eyes have seen her body so often
that night or shadow is superfluous.
Over there she hangs her dress,
frequently happy, sometimes sad or tired, worn out
by the ancient weight of woman's mysteries.
Here is the pillow where she rests her head,
with its shock of black, scrambled light.
She gazes at herself in this mirror, slips her hands over her body,
does a few turns as if the wind were lifting her
out of the baser moments of existence.
In sum, this is the setting where she glows,
the place of her magic and her transformations.

Que siempre exista tu cabeza

Que siempre exista tu cabeza
                   a poca altura de la mía
Una ciudad soltando pájaros
                   bodas
                       en fin
gaviotas en la espuma
                   Que haya un tonel de vino negro
como tus ojos
                   y naves altas y limpias como la noche
Y tú en medio de todo
                   juntando lo inconexo.

Let your face always exist

Let your face always exist
                just below mine
A city setting birds free
                weddings
                                after all
gulls in the sea froth
                barrels of dark wine
like your eyes
                and great, clean ships like the night
And you in the midst of it
                bringing together the shards.

La promesa

Hace tiempo
te había prometido muchos poemas de amor
y—ya ves—no podía escribirlos.
Estabas junto a mi
y es imposible escribir sobre lo que se tiene.
Lo que se tiene es siempre poesía.
Pero han comenzado a unirnos
cosas definitivas:
hemos vivido la misma soledad
en cuartos separados
—sin saber nada el uno del otro—,
tratando, cada uno en su sitio,
de recordar cómo eran los gestos de nuestras caras,
que de pronto se juntan con aquellas
que ya creíamos perdidas, desdibujadas,
de los primeros años.
Yo recordaba golpes en la puerta
y tu voz alarmada
y tú mis ojos soñolientos aún.
Durante mucho tiempo
me preguntabas qué cosa era la Historia.
Yo fracasaba, te daba definiciones imprecisas.
Nunca me atreví a darte un ejemplo mayor.

The promise

A while ago
I promised you many love poems
and—now you see—I couldn't write them.
You were sitting next to me
and it is impossible to write about what is just there.
What one has is always poetry.
But a few clear things
have begun to bring us together—
we have shared the same solitude
in separate rooms,
without knowing anything of each other,
trying, each in place,
to remember the looks on our faces,
which all of a sudden join those
we thought we had lost, erased
from our early years.
I remembered the knocks on the door
and your frightened voice,
and you, my eyes still filled with sleep.
For a long time
you used to ask me just what History was.
I couldn't answer, I gave vague definitions.
I never dared give you a real answer.

Día tras día

Cada noche me libras
de la corona turbia
que amenaza las horas de mi felicidad,
y llegas en puntillas
y me arrancas los ojos de humanista
susceptibles al sueño,
de modo que la muerte no puede seducirme.
Definitivamente soy tu modelo azul
temblando en cualquier agua en que tú me sumerges,
la flor monumental para el salón de té
de las embajadoras que ignoran nuestros nombres.

Day after day

Every night you free me from
the troubled crown
that threatens the moments of my happiness,
and you come on tiptoe
and rip out my humanist's eyes,
much given to sleep,
in such a way that death cannot seduce me.
Unquestionably, I am your blue ideal
trembling in any waters you might plunge me into,
the monumental flower for the salon
of the ambassadors' wives who don't know our names.

Madrigal

El sol ha cedido a la sombra
El mar encrespa de repente sus olas
Menea los manglares
donde flotan cientos de garzas
largas como preocupaciones
Y tú sales del mar
Y llenas todo el centro del mundo
igual que el mediodía
Centelleas contra el toldo del bar
donde leo el periódico
intranquilo
donde bebo
donde busco la orilla
de este tiempo de hermosura y escarnio.

Madrigal

The sun has given way to shadow.
Suddenly the sea ruffles its waves
the mangrove swamps awaken
hundreds of cranes floating
stretch out like worries.
And you come out of the sea
and fill the whole center of the world
just as noon does.
You sparkle on the awning of the bar
where I am reading the newspaper
uneasy
where I am drinking
where I search out the shore
of this time of beauty and derision.

Amándonos

Así es como ganamos plazas, lugares al olvido,
de modo que las cosas menudas que no proclaman
　　　　　ni sustentan nada
llevan también tu nombre
y lo que hubiera podido aparecer gastado
　　　　　y descorazonador es abundancia
Así es como la gran noche nos junta
y el gran día te cubre de verde y persevera
Así es como la vida nos manda sus testigos
　　　　　atentos a la hora de nuestra exaltación
Así es como la duda huye de nuestros ojos
　　　　　vencida de carroña
Así es como este fuego nos arma con su ala dócil
　　　　　sobrehumana
Así es como entras y sales
　　　　　y te instalas febril al lado mío
hasta que aúlla toda la sal del cementerio
　　　　　pues nada puede existir más inmortal
Así es como lo tibio de tu cuerpo es mi bandera
　　　　　es mi bandera.

Loving each other

That is how we rescue rooms and places from oblivion,
in such a way that little things that do not proclaim
          or defend anything
carry your name also
and what might have seemed wasted away
          and dreary is now ripeness
That is how the huge night brings us together
and the bright day covers you in green and keeps on
That is how life sends us its witnesses
          hovering over the moment of our fervor
That is how doubt flees from our eyes,
          doubt defeated by rotting bodies
That is how this flame arms us with its docile,
          superhuman wing
That is how you enter and leave
          and set yourself down next to me, excited,
until all the salt of the cemetery howls
          since nothing more immortal can exist
That is how the gentleness of your body is my banner,
          is my banner.

Recuerdo de Wallace Stevens
en la Florida

Ahora está hirviendo el mar,
y si pudieras estar conmigo sé que me dirías
que arde sólo la imagen
En una lengua en que es vicio lo abstracto
tú afirmaste lo abstracto de los mundos soleados
casi imposibles de atrapar.
Yo he visto los jardines deshechos, los residuos
de la flora acosada.
Hay un continuo, un orden que envuelve este paisaje
donde es vestigio el árbol del axioma del árbol.
Tríptico sin verdura, líneas pétreas, aguas que se repiten,
que interrogan, y la sola respuesta es la colina
de roca sumergida, la chatarra
en la arena, el gluglú de la sombra.

Los barcos han zarpado, de pronto se convierten
en una matemática
sin brío, en números de aire,
igual que las sombrillas rezagadas.
Ningún fantasma arguye cuentas aquí con la intemperie.
Ningún cuerpo de luz se diluye en el mar
mejor que en tu poema.

Si alguien habló la lengua de los sobrevivientes
fuiste tú que fundiste los helechos nevados
de New Hampshire con la vibrante vastedad del sur.
No eres el huésped indeseable que nos saca de quicio
sino la forma del océano, el temblor de esa ola
que se hace ola en la palabra.

A remembrance of
Wallace Stevens in Florida

At this moment the sea is at full boil,
and if you were with me you, I know, would say
that what boils is only the image of the sea.
In a language where abstracting is a curse,
you grasped the abstraction in those sun-drenched worlds
almost impossible to seize and hold.
I have seen unkempt gardens, the leftover shapes
of harried flowers.
There is a continuum, an order in this landscape
where a tree is ghost of the idea of tree.
Leafless triptych, lines of stone, wave on wave
repeating their questions; the only reply is the mass
of an underwater rock, the rusted cans
in the sand, the glug-glug in shadows.

The boats have put to sea, all of a sudden
turning to mathematics
lazily, numbers in air—
abandoned parasols.
Here, no ghost-notions argue with the weather.
No body of light disperses in the sea
better than in your poem.

If anyone spoke the language of survivors
it was you, who fused the snow-touched ferns
of New Hampshire with the shimmering expanses of the South.
You are not the unwelcome guest, driving us mad.
Rather, you are the sea's own form, the shiver of that wave
becoming a wave in your words.

Entre el gato y la casa

Entre el gato y la casa
hay un plano inclinado lleno de gentes,
con pinta de arlequines,
que se quieren mover en un campo de acción
muy lejos de mi alcance;
además, como ya no hace sol,
se desdibujan y enredan
en las ramas del arce.
Se han pasado todo el otoño ahí,
apoyados algunos en la cerca de piedra,
otros en la cumbrera del garaje,
alertas como gallos.
Yo permanezco inmóvil.
Yo llamo a éstos los actores
extrapolados de mis escenarios
o, si prefieren oír, de mis ficciones.

2

Escribo en Princeton
desde una casa en Markham Road.
El gato que menciono es un siamés
que cada día sube la escalera
de la puerta del patio; husmea y come,
pero no entra jamás.
Cuando hace mucho frío se cobija
en las yerbas más altas,
esperando que se abra la puerta.

Between the cat and my house

1

Between the cat and my house
there is a ramp full of people
got up as harlequins
who tend to move in a field of action
well out of my reach;
besides, since there is no longer any sun,
they become blurred and tangled
in the branches of the maple tree.
They have been there all autumn,
some leaning on the stone wall,
others on top of the garage,
roosters on the watch.
I stay still.
I count them as actors
drawn out of my stage sets
or, if you prefer to listen, out of my fictions.

2

I am writing in Princeton,
in a house on Markham Road.
The cat is a Siamese;
every day it comes up the stairs from the patio,
sniffs and nibbles
but never enters the house.
When the cold comes, it huddles in the high brush,
waiting for the door to open.

3

Entre el gato y la puerta
Entre el abrigo y la orfandad
Entre los ojos de un animal cualquiera
Entre los sueños y la desesperanza
Entre un idioma y otro
Entre un país perdido y otro que no aparece
Yo permanezco inmóvil, al acecho.
Después abro los ojos
Y afuera lo que veo
son los ojos del gato.

Between the cat and my house
between the overcoat and neglect
between the eyes of any animal
between dreams and desperation
between one language and another
between one lost country and another still to appear
I stay still, ready to pounce.
Then I open my eyes
And what I see outside
are the eyes of the cat.

Allan Marquand espera a su compañero de tenis en el campo sur

Alguien debió llegar, pero ¿quién lo asegura,
si en el retrato sólo aparece el anfitrión,
todo de blanco, la raqueta en la mano, la gorra pulcra,
un joven simplemente sentado en el sillón,
que mira distraído,
como si el siglo no conociera el desconcierto?
Princeton, entonces, era una clara estampa
casi bucólica; lo atestigua esta casa
rodeada de verdura; la enredadera, asida a la pared de piedra,
¿cómo hubiera podido amenazar toda esta mansedumbre?

Y el que debió llegar ¿dónde se oculta?
Quizás su nombre esté en el mármol de los muertos
del pueblo en los lejanos campos de batalla.
La época exigió una marca de fuego también,
un sacrificio que Allan Marquand no pudo presentir.

Allan Marquand awaits his
tennis partner on the south lawn

Someone is expected, certainly; but who can be sure of it
since, in the photograph, we only see the host
in his tennis whites, racket in hand, neat cap,
a young man sitting in a chair, no more,
who looks about him absently—
as if in his day uncertainty did not exist?
Princeton back then looked like an engraving
verging on the bucolic, borne out by the house
surrounded by greenery; and the ivy with the stone wall in its
    grasp,
how could it have been a threat to that gentility?

And the missing partner—where is he hiding?
Perhaps his name is carved on the Honor Roll
of local dead, fallen on far battlefields.
The age also demands its branding by fire,
a sacrifice of which Allan Marquand
had not the faintest inkling.

Para que te liberes
de un viejo pensamiento

Para que te liberes de un viejo pensamiento,
te propongo que vengas a contemplar la nieve.
En su lecho rocoso aún duerme la marmota.
El alba mide la naturaleza
Los ciervos se confunden con la niebla del día
El mundo a grandes rasgos es otra desmesura
El árbol seco es su baluarte.
No amonedes más sombra.
Siéntate y oye
cómo se agita la tomenta,
cómo lo embiste todo y lo subleva.

To free yourself from obsessions

To free yourself from obsessions,
I propose that you start with the contemplation of snow.
In his rocky lair the groundhog is still sleeping.
Dawn is the measure of Nature.
The deer lose themselves in the mist of daylight.
In broad strokes, the world is another extravagance,
the withered tree its bulwark.
Do not forge any more darkness.
Sit down and listen
to how the storm rages,
how it assaults, overthrows everything.

Noche de invierno

¿Dónde estarán metidos la ardilla y el mapache?
¿Dónde el loco del pueblo
que dejaba su mochila en Witherspoon,
frente a la biblioteca y conversaba en voz alta
con ángeles o dioses?
¿Dónde el bibliotecario gélido como un pez,
con su capa española y el vestigio de un clásico chileno?
¿A quien aúlla mi perro a medianoche
si afuera sólo hay árboles y nieve?

Winter night

Where could they have gone, the squirrel and the raccoon,
and where is the local crazy
who left his knapsack in Witherspoon
and discoursed in a loud voice with gods and angels
in front of the library?
What has become of the librarian, frigid as a fish,
with his Spanish cape,
and his discards from Chile's great bard?
What does my dog bark at,
now that it is midnight,
if outside there are only trees and snow?

Palmer Square

Más de una vez
aquí aparcó el carruaje
con su caballo negro;
la vieja mano tiraba de las riendas
y el fango se entreabría
en Nassau Street.
Woodrow Wilson lo vió
y hasta sintió en su bota
el golpe de madera del pescante
mientras paseaba, el inmortal.
El aire se llenaba del humo acre
de las pipas y las teteras.
Los golpes de los picos
y los martillos ajustaban
los flancos y las bases de las facultades.
Los jóvenes abrigados
entraban y salían de las aulas,
mientras los constructores italianos
continuaban colocando las piedras.
Primero fue una piedra, una cornisa
hasta dejar intacto a Witherspoon Hall.
Todo esto lo traen sobre los hombros
los escuálidos y viejos futbolistas
de la clase de 1926
que devoran el brunch del mediodía.
Palmer Square los deja deambular
con sus trajes azules y sus gorras,
con sus bastones, sus medallas y sus muertes
El caballito y el jinete del antiguo mural de Rockwell
galopan junto a ellos como en la adolescencia
a través de las calles y los sueños.

Palmer Square

At regular intervals
it made a stop here, the public carriage
drawn by a black horse.
An old man's hands pulled in the reins,
parting the mud on Nassau Street.
Woodrow Wilson took in all this
and must even have felt the wooden stirrup
under his boot
as he rode along, Princeton's immortal son.
The air filled with acrid smoke
from pipes and teapots.
Blows from pick and hammer
shaped the foundation walls of the faculties.
The muffled students thronged
in and out of classrooms
while Italian masons
kept piling stone on stone.
One stone first, then a cornice,
and finally Witherspoon Hall entire.
The weight of all this past is shouldered by
the wizened football players, class of '26,
tucking in to the scheduled brunch.
Palmer Square gives them leave to walk about
in blue blazers and reunion caps,
with their walking sticks, their medals, and their deaths.
As in the period mural painted by Rockwell,
the driver and the pony are trotting beside them
just as in their student days
through the same streets and through their memories.

El cementerio de Princeton

Un pueblo puede ser la feliz reunión de muchos seres,
pero es también un escrutinio constante de la muerte.
De pronto se ilumina una casa,
se agitan las persianas,
se oye el ruido de alguien que sube aprisa una escalera,
y ahí nos queda otra víctima, un álgebra vacía.
Las lápidas irregulares
conviven aquí
con nuestras jornadas.
El horario de nuestras vidas
salta sobre esta yerba rala
donde un rastrillo quita las hojas caídas.
Nada de esto suscitará el insomnio.
Nuestra vigilia es sólo riña de la ansiedad o de la bancarrota.
Ni siquiera el joven sepulturero,
ni el que maneja la cortadora, distraído,
al lado de las tumbas
se sienten los guardianes de estos muertos.
Oh Dios, dínos dónde, por qué.
No sólo hay un miércoles de ceniza en nuestra vida.
Hacia ese camposanto
todo el mundo camina con el mismo miedo,
los mismos ojos, los mismo pies.

Princeton Cemetery

A town can be a fortunate assembly of many souls,
but it is also a steady contemplation of death.
Suddenly the lights go on in a house,
someone moves the curtains,
you hear the sound of someone hurrying up the stairs,
and we have another casualty, an empty algebra.
The tilted tombstones
coexist with our workdays.
The routine of our lives
skips over this thin grass
where a rake scrapes up the fallen leaves.
None of this is reason for insomnia.
Our wakefulness comes only from hassles or money worries.
No one feels they must attend these dead,
not even that young gravedigger,
or the other, who casually wields his clippers
around the tombstones.
O God, tell us where, tell us why.
There is not just one Ash Wednesday in our lives.
Toward that cemetery
everyone travels with the same fear,
the same eyes, the same feet.